CONSIDERATIONS

IMPORTANTES

Sur ce qui se passe, depuis quelque tems, au prétendu Théâtre de la Nation, et particulièrement sur les persécutions exercées contre le Sieur TALMA.

PAR M. DE BOIZI. (1)

15. Août 1790.

(1) M. de Boizi est M. Palissot qui rédigea ces Considérations.

AVIS NÉCESSAIRE.

LE hasard vient de faire tomber entre nos mains un écrit intitulé : *Réflexions de M. Talma, et Pièces justificatives sur un fait qui concerne le Théâtre de la Nation.*

Avant d'avoir lu ces pièces, nous étions assez instruits pour n'avoir besoin d'aucun préservatif contre la calomnie ; mais nous avouons que cette lecture nous a soulevés d'indignation contre les calomniateurs. Nous croyons même remplir un devoir en reproduisant, à la suite des Considérations importantes que nous présentons au public, ces mêmes pièces justificatives, qui ne peuvent être trop connues. Plus l'imposture a répandu les accusations, plus on doit répandre les preuves qui la confondent.

Témoins de tout ce qui s'est passé à la Comédie Française les 22 et 23 juillet, nous-mêmes nous avions écrit une Lettre destinée à la Chronique de Paris, et qui devoit y être insérée le lendemain de la représentation de Charles IX, si elle ne fût parvenue trop tard aux rédacteurs de ce journal. Cette Lettre, que M. Talma n'a pu connoître, est elle-même une nouvelle pièce justificative en sa faveur, et qui mérite d'autant plus de confiance, qu'elle est d'un témoin occulaire.

A 2

Nous avons eu d'ailleurs, à la Section des Cordeliers, communication d'une Lettre adressée à cette même Section par M. de Chénier, et de la réponse qu'il en a reçue. Nous emploierons aussi ces deux Lettres, quoiqu'étrangères à l'apologie de M. Talma, parce qu'elles completteront le récit des faits dont le public doit être instruit, et qu'elles achèvent de prouver de quoi les comédiens sont capables.

CONSIDÉRATIONS

IMPORTANTES

Sur ce qui se passe, depuis quelque tems, au prétendu Théâtre de la Nation, et particulièrement sur les persécutions exercées contre le Sieur TALMA.

On sait quelle influence puissante les spectacles pourroient avoir sur les moeurs publiques, et combien ce supplément d'éducation pourroit devenir important, sur-tout chez un peuple libre.

Les comédiens eux-mêmes ont paru sentir cette vérité, lorsqu'ils se sont empressés de donner à leur Théâtre un titre qui pourtant ne sauroit lui convenir : ils l'ont appelé le Théâtre de la Nation. Mais des comédiens, gagés par la cour, demeurent nécessairement assujétis à l'autorité ministérielle. Un théâtre, frappé de cette servitude, ne sera jamais celui d'une nation libre ; il ne pourra même conserver que des auteurs voués à l'adulation, et de pareils auteurs ne méritent plus d'être comptés parmi les gens de lettres. Cette seule considération démontre invinciblement la nécessité d'un second théâtre.

Dans ce premier élan de toutes les ames vers la liberté, sentiment naturel même aux esclaves, les comédiens parurent vouloir partager le bonheur commun, et quelques-uns d'eux (c'est une justice que nous aimons à leur rendre) en étoient véritablement dignes; mais la plupart, incapables de s'élever à la hauteur des idées actuelles, ne tardèrent pas à retomber dans leur avilissement, et à regretter leurs anciennes chaînes. Quoique la bienveillance de l'Assemblée Nationale les eût réintégrés dans les droits de l'homme, plusieurs d'entr'eux ont méconnu la valeur de ce beau présent. Accoutumés à la dépendance la plus humiliante, leur ame n'a pu devenir citoyenne.

C'est ce qu'ils ont sur - tout manifesté pendant nos fêtes fédérales, et ce qu'on leur a tant de fois, et si justement reproché. Le cri d'un peuple libre leur demandoit *les Horaces*, *Brutus*, *la Mort de César*, *Barnevelt*, *Guillaume Tell*. Ils ont résisté à cette voix impérieuse, et donné constamment, pendant ces fêtes, les pièces les plus insignifiantes, les plus marquées au coin de l'adulation et de la servitude, et jusqu'à la farce sépulchrale et superstitieuse de *Cominges*, non moins déplacée, dans les circonstances, que ne l'eût été le *Festin de Pierre*, mais infiniment au-dessous de ce dernier ouvrage.

Les persécutions qu'éprouve actuellement de leur part le sieur Talma, uniquement pour avoir cru qu'il étoit de son devoir de respecter le public, achèvent de prouver combien, en paroissant jaloux du titre de citoyens, ils sont réellement encore voués à l'ignominie et à l'esclavage.

Tous les fédérés, accourus des différentes parties de la France pour célébrer avec nous l'auguste fête de la liberté, s'étoient réunis dans l'espérance de voir au théâtre une représentation de la tragédie de Charles IX. Les fédérés de Provence principalement, après l'avoir inutilement sollicitée, avoient prié M. de Mirabeau l'aîné, leur député à l'Assemblée Nationale, de vouloir bien se joindre à leur voeu. Deux fois M. de Mirabeau prit la peine d'en informer les comédiens, même en les avertissant des suites fâcheuses que leur obstination pourroit entraîner. Leur résistance fut inflexible.

Enfin, le 22 du mois dernier, M. Sarrasin, membre de la fédération de Marseille, dédaignant de s'adresser, en pure perte, aux comédiens, prit la peine de demander publiquement, au nom des fédérés de Provence, à leurs frères de Paris, une représentation de cette tragédie. On peut se douter de l'accueil fait à cette demande : les comédiens seuls osèrent encore balancer.

L'un d'eux, le sieur Naudet, opposant aux huées universelles un front inaltérable, allégua deux prétendues impossibilités qui ne permettoient pas, selon lui, de donner la pièce. Madame Vestris, malade, ne pouvoit jouer le rôle de Médicis ; le sieur Saint-Prix, affligé d'une éresipèle, celui du Cardinal de Lorraine.

Témoin de l'effervescence publique, portée à son comble, le sieur Talma, qui n'a d'autre tort envers sa société que de l'avoir servie avec le plus grand zèle, crut devoir alors s'avancer au bord du théâtre, et jugeant des sentimens de madame Vestris par les siens, il dit : « Qu'il osoit répondre que cette actrice, quoi- » qu'indisposée, feroit un effort pour témoi- » gner son respect au public et aux fédérés ». Il ajouta que si véritablement, le sieur Saint-Prix se trouvoit hors d'état de jouer, et que le public (qui en avoit déjà donné l'ordre) permît qu'on lût son rôle, la représentation ne souffriroit aucune difficulté. Voilà ce que les comédiens, dénaturant tous les faits, ont osé représenter comme un démenti audacieux donné au sieur Naudet par le sieur Talma !

Le ton respectueux, honnête, modeste, avec lequel il prononça ce peu de paroles, excita

-un applaudissement universel. Il est vrai que la fureur des comédiens dissidens ne connut plus de bornes. Dès ce moment, ils accusèrent le sieur Talma de haute trahison, et du crime, encore inconnu, de lèze-comédie.

A les entendre, ce jeune homme avoit seul provoqué le tumulte et conspiré contr'eux; le vœu des fédérés, celui du public étoient son ouvrage. Ils apprirent que le lendemain (et alors le tumulte étoit passé) on l'avoit vu déjeûner au Palais-Royal. A ce nouvel indice de trahison, ils se hâtent de convoquer une assemblée, à laquelle ils invitent leur conseil, et dans cet étrange conciliabule ils décrètent de rayer sur le champ le sieur Talma de leur tableau; de lui enlever son état, qu'il ne tient pas d'eux, ou du moins de s'obliger par serment de ne jamais jouer avec lui.

En vain les jurisconsultes de leur conseil, à l'exception de M. de Mirbeck, parent et ami de la demoiselle Raucour, essayèrent-ils de les ramener à quelqu'apparence de modération; en vain ils voulurent leur faire sentir que le sieur Talma, reçu comédien du roi par les anciens supérieurs de la comédie, ne pouvoit être dépouillé de son état de leur propre autorité; qu'ils ne pouvoient être à la fois juges et parties; et qu'enfin ils n'avoient pas le droit de priver le

public d'un acteur honoré souvent des témoi‑
gnages les plus flatteurs de la bienveillance de
ce même public, les comédiens, à l'exception
d'un petit nombre, que le sieur Talma ne man‑
quera pas sans doute de faire connoître, de‑
meurèrent inflexibles dans leur systême de
proscription.

Bientôt ils eurent recours à un expédient
plus atroce, et qui paroîtroit invraisemblable,
si l'on ne savoit où peut conduire l'esprit de
corps, même dans des sociétés plus choisies.
Le sieur Talma a eu l'honneur d'être admis
dans la compagnie des chasseurs‑volontaires
de l'ancien district des Cordeliers. Les comé‑
diens affectèrent de répandre qu'il alloit en être
chassé, dans l'espérance, peut-être, qu'au
moyen de quelques manoeuvres secrètes de
leur part, ce bruit pourroit se réaliser, et qu'a‑
lors ils auroient un prétexte pour exclure de
leur société un homme entaché de ce deshon‑
neur. Mais la compagnie des chasseurs, assem‑
blée par un effet de ce bruit même, témoigna
combien il étoit au-dessous d'elle d'y prêter
la moindre attention, et ne daigna pas même
en délibérer.

Toujours fidèles à leur plan de vengeance,
les comédiens, qui le croiroit ? osèrent tenter
de surprendre à M. le Maire un ordre de faire
enfermer le sieur Talma. On voit que, dans

leur aveuglement, leurs mains esclaves iroient jusqu'à rebâtir la Bastille , uniquement pour assouvir leur haine. Mais, comment osoient-ils se flatter que M. le Maire s'abaisseroit au point d'en devenir l'instrument ? Connoissent-ils donc M. Bailly ? Des ames vulgaires et flétries par la passion, pouvoient-elles se mettre de niveau avec l'ame noble et fière d'un magistrat-citoyen ?

Trompés dans toutes leurs mesures , ils ont du moins exclu par le fait le sieur Talma de leur théâtre. Ils ont formé leur répertoire de manière que cet acteur n'y trouve jamais place, et qu'il est, en quelque sorte, perdu pour le public.

S'il parvient à démontrer qu'il n'a aucune part à la demande des fédérés de Provence ; que cette demande n'a été faite qu'après les instances réitérées de M. de Mirabeau l'aîné, que pourront lui opposer ses persécuteurs ? Or, c'est ce qu'il a prouvé, jusqu'à l'évidence, en publiant des pièces justificatives que notre devoir est de reproduire à la suite de ces Considérations.

Maintenant , je vous le demande, ô mes concitoyens ! ne prendrez-vous pas sous votre sauve-garde, un jeune homme dont vous avez tant de fois accueilli les talens avec indulgence ;

un jeune homme qui (j'ose vous le rappeler)
dans la scène des remords de Charle IX, s'est
montré l'égal des acteurs que vous avez le plus
honoré de vos suffrages ? Souffrirez-vous que
des comédiens jaleux vous en privent, uniquement parce qu'il ne s'est pas rendu complice
de leur irrévérence envers vous ?

Pardonnerez-vous au sieur Naudet, le plus
implacable de ses ennemis, la manière froide-
ment audacieuse dont il ose vous haranguer ;
son sourire presque mocqueur, et l'abus qu'il
fait des grenadiers qu'il a l'honneur de com-
mander, en se servant d'eux pour imposer
silence à ceux d'entre vous qui voudroient le
ramener au respect qu'il vous doit ? Est-ce donc
là l'emploi qui convient à une garde nationale ?
Voudroit-elle s'abaisser aux viles fonctions des
satellites de l'ancien régime ?

Songez que si chaque acteur avoit à ses ordres
comme le sieur Naudet, une compagnie de
grenadiers, vous seriez forcés de trouver *Flo-
rence* même excellent ; et que si par hasard les
dames de la Comédie avoient des bontés pour
quelques heureux capitaines, on vous prouve-
roit, la bayonnête au bout du fusil, qu'elles
sont au moins les rivales de nos actrices les
plus célèbres, et qu'elles finiroient par le croire
elles-mêmes.

Réfléchissez combien il est indécent, absurde,

contradictoire, de mêler aux jeux d'un peuple libre des grenadiers qui vous surveillent jusques dans vos plaisirs.

Voyez si les Anglois, qui sont véritablement des hommes libres, laissent introduire ainsi, dans leurs spectacles, des gardes armés. Que seroit-ce si ces gardes étoient subordonnés aux comédiens eux-mêmes, et si ces comédiens, non moins audacieux que nos anciens ministres, avoient l'air de croire qu'ils ne sont pas faits pour le peuple, mais que le peuple est fait pour eux ?

Croiriez - vous qu'un des reproches qu'ils renouvellent le plus souvent contre le sieur Talma, c'est sa prétendue popularité ? Trop emportés pour cacher leur haine et même pour en déguiser les motifs, quelques-uns d'eux se sont permis de lui faire ce reproche en notre présence : il est vrai qu'à l'exemple de ces messieurs, il ne s'est jamais assez pénétré de ses rôles pour se croire un prince dans les coulisses : mais quand il seroit populaire, comme ses camarades l'en accusent, nous ne voyons pas le grand danger qui pourroit en résulter pour l'Etat.

Une imputation encore plus grave que nous lui avons entendu faire, c'est d'avoir trop d'égards pour les gens de lettres, d'oser même être l'ami de quelqué-uns d'eux. Nous pensons qu'il se félicitera toujours de mériter ce reproche. Nous convenons qu'ils est très-grave aux yeux de ceux des comédiens qui s'accoutument à regarder les gens de lettres, qui les font vivre, comme leurs ennemis naturels, et qui se conduisent en effet comme s'ils étoient en état de guerre avec eux tous : mais le public voudra bien, sans-doute, lui pardonner de déroger un peu à l'esprit de sa société, en respectant les successeurs des Corneilles et des Racines.

Il ne nous reste actuellement qu'à placer ici les pièces justificatives authentiques que nous avons recueillies dans les Réflexions du sieur Talma, en y joignant d'autres pièces dont il n'a pu faire usage faute de les connoître. Ces témoignages parlent assez d'eux-mêmes : nous n'y mêlerons aucune observation.

PIECES JUSTIFICATIVES.

LETTRE du sieur TALMA à M. MIRABEAU l'aîné.

MONSIEUR,

J'AI recours à vos bontés pour me justifier des imputations calomnieuses que mes ennemis s'empressent de répandre. A les entendre, ce

n'est pas vous, au nom des fédérés de Provence,
qui avez demandé *Charles IX*, c'est moi qui ai
fait une cabale pour forcer mes camarades à
donner cette pièce. Des journalistes vendus
affirment au public tout ce que la malignité
leur dicte. Si vous ne me permettez de lui dire
la vérité, je resterai chargé d'une accusation
dont on espère tirer parti. Je vous supplie donc,
Monsieur, de me permettre de détromper lé
public que cent bouches ennemies s'empressent
de prévenir contre moi.

J'ai l'honneur d'être, etc.

MONSIEUR,   F. TALMA;

27 juillet

REPONSE de M. MIRABEAU l'aîné.

OUI certainement, Monsieur, vous pouvez
dire que c'est moi qui ai demandé *Charles IX*,
au nom des fédérés Provençaux, et même que
j'ai vivement insisté ; vous pouvez le dire, car
c'est la vérité, et une vérité dont je m'honore.
La sorte de répugnance que Messieurs les comédiens ont montré à cet égard, au moins s'il
falloit en croire les bruits, étoit si désobli-
geante pour le public, et même fondée sur de
prétendus motifs, si étrangers à leur compé-
tence naturelle ; ils sont si peu appelés à déci-

ther si un ouvrage légalement représenté *est ou n'est pas incendiaire* ; l'importance qu'ils donnoient, disoit-on, à la demande et au refus, étoit si extraordinaire et si impolitique ; enfin ils m'avoient si précisément dit à moi-même qu'ils ne vouloient qu'un voeu prononcé de la part du public, que j'ai dû répandre leur réponse. Le voeu a été prononcé et mal accueilli, à ce qu'on assure ; le public a voulu être obéi ; cela est assez simple, là où il paye, et je ne vois pas de quoi l'on s'est étonné. Que maintenant on cherche à rendre vous ou d'autres responsables d'un événement si naturel ; c'est un petit reste de rancune enfantine auquel, à votre tour, vous auriez tort, je crois, de donner de l'importance. Toujours est-il que voilà la vérité, que je signe très-volontiers, ainsi que l'assurance des sentimens avec lesquels, etc. etc.

MIRABEAU, l'aîné.

27 Juillet 1790.

LETTRE de M. BARTHELEMY, commandant le détachement de la Garde - Nationale du district de Marseille.

JE sais trop bien, monsieur, avec quel zèle vous vous êtes prêté *à la demande de nos Provençaux*, en contribuant à leur donner une réprésentation de *Charles IX*, pour ne pas vous en faire mes remercîmens particuliers. Je vous prie de les faire agréer aussi à ceux de vos camarades qui ont concouru comme vous à la satisfaction publique.

Cette pièce vraiment nationale, intéressante dans tous les tems, et plus encore au moment de la fédération, parce qu'elle combat les préjugés du siècle barbare qu'elle nous rappelle, n'auroit pas dû éprouver autant de difficultés à être jouée ; elle auroit dû l'être dès que le voeu du public a été connu.

Je ne vous dirai rien de la mâle éloquence de votre diction, ni du touchant intérêt que vous inspirez. Messieurs nos frères de Paris vous ont déjà témoigné combien vos talens sont précieux à la scène. Continuez, monsieur, une si belle carrière ; les Provençaux prendront part à vos succès. Agréez tous leurs sentimens, dont je suis flatté d'être l'organe, ainsi que les témoignages d'estime et de confraternité que je porte à des talens aussi brillans que les vôtres.

J'ai l'honneur d'être, etc.

BARTHELEMY, *commandant le détachement de la Garde-Nationale du district de Marseille.*

* **LETTRE** qui devoit être insérée dans la Chronique, le jour même où la tragédie de Charles IX fut représentée devant les fédérés de Provence, mais qui parvint trop tard aux rédacteurs de ce journal.

MESSIEURS,

Nous avons tous été témoins, pendant plus de quatre mois , du succès paisible de cette tragédie de Charles IX, dont on s'étoit fait une idée si fausse, et que l'on affectoit de nommer un ouvrage incendiaire. Trente-quatre représentations, toujours suivies avec le plus grand concours, n'épuisèrent pas la curiosité du public, et ce même succès , avec la même tranquillité, s'est répété dans toute la France.

M. de Favras qui s'est accusé, dans son testament de mort, d'avoir eu le projet d'employer dix-huit à vingt mille francs pour faire tomber cette pièce , avoit donc conçu des allarmes bien vaines.

Les comédiens seuls, c'est-à-dire quelques-uns d'eux (car nous n'avons pas l'intention de les inculper tous) sembleroient avoir hérité des inquiétudes de M. de Favras, et vouloir bannir cette pièce de leur théâtre, mais après en avoir tiré prudemment cent trente-deux

---

* Cette Lettre étoit, comme on le verra, d'un homme parfaitement instruit des faits, et témoin occulaire d'ailleurs de tout ce qui s'étoit passé la veille à la comédie.

mille livres. Ces comédiens, que nous nomme-rons, s'ils nous y forcent, et dont nous ferons connoître les motifs, se déchaînent aujour-d'hui, avec une espèce de fureur, contre un ouvrage qui les a fait subsister tout l'hiver. Leur zèle aristocratique les a emportés au point de méconnoître tout ce qu'ils doivent à la na-tion, eux qui avoient cependant donné à leur théâtre le nom de Théâtre National, sans se douter que ce nom ne pouvoit lui convenir.

Tous les fédérés de France, Messieurs, dési-roient de voir cette tragédie de Charles IX, dans laquelle la conquête de la Bastille a été si dignement célébrée, et dans laquelle on a donné, pour la première fois, au roi citoyen qui nous commande, le titre de restaurateur des loix et de la liberté, titre qui lui a été depuis solemnellement déféré par la Nation, et qui a toujours excité au Théâtre des acclamations de respect et d'amour. Cependant les comédiens se sont obstinément refusés au vœu public. En vain les fédérés de Provence, entr'autres, leur avoient fait demander, au moment de leur arrivée, cette pièce dirigée contre le fanatisme, dont ils venoient de voir encore les effets sanglans dans une province voisine de la leur ; en vain M. de Mirabeau l'aîné, leur député à l'Assemblée Na-tionale, avoit pris la peine d'écrire deux fois aux comédiens pour leur manifester le voeu de ses commettans ; en vain il les avoit avertis du danger qui pouvoit résulter de leur obstination, ces messieurs ont persisté dans leur refus. Méconnoissant à la fois, et le profond respect qu'ils doivent à un membre de l'Assemblée Nationale, et les services récens qu'ils ont sollicités et obtenus de la bienveillance de M. de Mirabeau, ils ont osé défier l'orage.

Enfin le jour de la vengeance est venu. Hier, jeudi 22 de ce mois, les fédérés de Provence ont demandé à leurs frères de Paris, au spectacle même, une représentation de Charles IX. Vous concevez, Messieurs, tout l'empressement que le public a mis à seconder un desir si juste. Tout le public s'est soulevé contre les comédiens, qui sembloient encore balancer : et voilà comment ces mêmes comédiens sont parvenus à faire d'une tragédie qui n'inspire que l'amour des loix et l'horreur des troubles civils; d'une tragédie représentée tant de fois si paisiblement, un sujet de discorde et presque d'insurection. J'en ai vu l'auteur pénétré de douleur comme s'il pouvoit craindre que le public n'imputât à son propre ouvrage, ce qui n'est arrivé que par la criminelle, ou du moins par l'imprudente obstination de quelques comédiens.

En vain Madame Vestris, non moins recommandable par les égards qu'elle a toujours témoignés aux gens-de-lettres, que par la supériorité de ses talens ; en vain M. Talma, dont le public a conçu de si grandes espérances, ont donné l'exemple de céder au voeu général, et ont mérité par-là les remerciemens que les fédérés de Provence leur ont fait en corps, les comédiens anti-nationaux sont demeurés inflexibles, ce qui pouvoit donner lieu à des suites infiniment sérieuses. Pour masquer les véritables motifs de leur obstination, ils ont osé accuser l'auteur de procédés injustes à leur égard. Il leur a (disoient-ils) retiré par avarice (1), la tragédie de Henri VIII, tandis qu'ils avoient fait non-seulement les frais d'étude de cette pièce, mais ceux d'une décoration destinée pour elle.

Observez, messieurs, que quand il seroit vrai que M. Chénier eût eu quelques torts personnels envers les comédiens, qui ne cessent d'en avoir avec tous les gens de lettres, ce n'étoit pas une raison pour manquer aux fédérés de Provence et à tout le public. Mais, que direz-vous quand vous saurez que ces imputa-

______

(1) Voyez, à l'occasion de ce reproche d'avarice, les deux Lettres suivantes.

tions ne sont que des calomnies ? Quand vous apprendrez les motifs secrets qui ont servi de prétexte aux comédiens pour essayer de décourager, s'il étoit possible, un jeune homme plein de talens ; un jeune homme qui, avant la tragédie de Charles IX, et indépendamment de celle de Henri VIII, avoit trois autres pièces reçues à leur théâtre, en a d'autres encore sur le métier, et qui n'a pas plus de 25 ans. Ce sera, messieurs, le sujet d'une seconde Lettre que j'aurai l'honneur de vous adresser, si les comédiens m'y réduisent, et s'ils ne s'empressent pas de faire cesser le scandale de cette haine qu'ils osent afficher pour un homme de lettres honoré des suffrages de la Nation, et auquel ils ont d'ailleurs des obligations personnelles.

LETTRE de M. CHENIER à la Section des Cordeliers.

MONSIEUR LE PRÉSIDENT,

VOULEZ-VOUS bien présenter mes respects à Messieurs les membres de la Section des Cordeliers ? Voulez-vous bien aussi les prier, de ma part, d'accepter pour les pauvres de la Section la somme de deux cens cinquante livres, foible produit de ma rétribution d'auteur dans la

dernière représentation de Charles IX. J'ai décla-
ré publiquement que, durant toute ma vie, ma
rétribution d'auteur dans les représentations de
cette Tragédie seroit la propriété des pauvres ; je
tiendrai ma parole ; car c'est par des actions
seulement que je daignerai réfuter des hommes
qui joignent la calomnie à l'ingratitude.

J'ai l'honneur d'être, avec respect,

Monsieur le Président,

Votre très-humble et très-
obéissant Serviteur,

Signé, MARIE-JOSEEH CHÉNIER.

Ce samedi 26 juillet 1790.

R E P O N S E.

L'ASSEMBLÉE du dictrict des Cordeliers a
reçu, Monsieur, les deux cens cinquante livres
que vous avez fait remettre, ce qui est votre
part du produit de la dernière représentation
de votre Tragédie de Charles IX. Elle me
charge de vous en témoigner toute sa reconnois-
sance. Cette représentation, si difficilement
obtenue, aura donc produit deux avantages,
d'abord celui de secourir les indigens, et en
second lieu celui de faire jouir nos frères les fédérés des départemens, d'un ouvrage dans lequel
vous faites si bien valoir les bons principes, et

où vous combattez si puissamment le fanatisme et les préjugés. Vous annoncez, Monsieur, que vous destinez également aux pauvres, votre part du produit de toutes les représentations que les comédiens donneront de cette pièce pendant votre vie. Le District des Cordeliers, qui très-souvent gémit quand la multitude applaudit s'est livré aux plus vives acclamations en apprenant ce généreux sacrifice, tous les coeurs sont pénétrés pour vous de la plus parfaite estime ; nous désirons que ce sentiment, que partagent tous les bons citoyens, vous dédomage des atteintes de l'envie et de la calomnie ; au surplus, croyez, Monsieur, que l'auteur de Charles IX n'aura jamais d'autres ennemis que ceux du bien public et de la liberté ; vengez-vous d'eux par de nouveaux succès, nous les punirons par le plus souverain mépris.

Je suis, avec la plus intime fraternité,

Monsieur,

Votre très-humble et très-obéissant Serviteur,

Signé PARÉ, Vice-Président ;
GUELLARD DU MENIS, Secrétaire.

Paris, le 26 juillet 1790.

Contraste insuffisant

NF Z 43-120-14